W9-CJM-742

mezzo-soprano

MOZART

Opera Arias

Edited by Paolo Toscano
Previously published material edited by Gottfried Becker

Cover: Detail from *Mozart am Klavier* (Mozart at the keyboard), *c*1789-90, Joseph Lange

ISBN: 0-634-063167-0

RICORDI

DISTRIBUTED BY

7777 W. BLUEMOUND RD. P.O. BOX 13819 MILWAUKEE, WI 53213

www.halleonard.com
www.ricordi.com

CONTENTS

APOLLO ET HYACINTHUS
(Apollo and Hyacinth)

Libretto: Rufinus Widl, based on Greek mythology. **First performance:** Benedictine University, Salzburg, 13 May 1767; performed as an intermezzo with Widl's five-act Latin tragedy *Clementia Croesi*. **Setting:** Laconia, in ancient Greece.

Jam pastor Apollo
from Act 1

Dramatic context: As King Oebalus is making a sacrifice to the god Apollo, a bolt of lightning destroys the altar, seeming to indicate the god's wrath. The youth Hyacinth, song of Oebalus, tells his father that the omen is not necessarily a bad one. Apollo enters and confirms Hyacinth's words, stating that his bounty will protect Laconia.

Apollo:

Jam pastor Apollo custodio greges,	*Sometimes, as a shepherd, Apollo watches the flocks;*
nixus et baculo vigilans sto:	*I stand, leaning on my staff:*
jam pascere nolo et visito reges,	*sometimes I prefer to visit kings,*
jam medicinas mortalibus do.	*sometimes I give medicine to mortals.*
Moestos levare,	*Cheering the melancholy*
aegros juvare	*and healing the sick*
est sola tangens Apollinem res:	*are Apollo's only concern:*
hinc me manente,	*if I remain here,*
vobis favente	*disposed in your favor,*
rex omni rege beatior es.	*you shall be the most fortunate of all kings.*

En! duos conspicis
from Act 2

Dramatic context: Apollo has courted Melia, Hyacinth's sister, who is delighted by his advances. The envious Zephyr alleges that Apollo has killed Hyacinth with a discus and urges King Oebalus to send the god into exile. In this aria, he declares his love to Melia, urging her to choose him over Apollo.

Zephyr:

En! duos conspicis:	*Behold! you see two men:*
amantem et nocentem,	*a lover and a criminal,*
juvantem et furentem;	*a helpmate and a madman;*
cui manum porrigis?	*to which do you offer your hand?*
Apollo te necabit,	*Apollo will kill you,*
et Zephyrus amabit.	*but Zephyr will love you.*
Fraterno qui dexteram	*Anyone who stains his hand*
tinxit cruore,	*with the brother's blood*
tentabit in tenera	*will do the same*
plura sorore:	*to the tender sister:*
quem prudens eligis?	*whom do you choose?*

ASCANIO IN ALBA
(Ascanius in Alba)

Libretto: Giuseppe Parini. **First performance:** Regio Ducal Teatro, Milan, 17 October 1771. This allegory of an arranged marriage was part of the celebration for the wedding of the Habsburg Archduke Ferdinand to Maria Ricciarda Berenice d'Este. **Setting:** A pastoral scene in Alba, an idyllic country peopled with Graces, nymphs, and shepherds.

Cara, lontano ancora
from Part 1

Dramatic context: Ascanio is the son of Aeneas and Creusa and the grandson of Venus, the goddess of love. As the curtain rises, Graces and spirits sing and dance in honor of Venus. The goddess tells Ascanio that he shall marry Silvia, the brightest of all nymphs, this very day. Venus has contrived to make Silvia fall in love with Ascanio by having Cupid weave Ascanio's likeness into her dreams. For his part, Ascanio is allowed to see Silvia but may not reveal his identity.

Ascanio:

Perchè tacer deggio?	*Why should I be silent?*
Perchè ignoto volermi all'idol mio?	*Why does she not want my beloved to know me?*
Che dura legge, o Dea!	*Your command is cruel, oh goddess!*
Mi desti in seno tu le fiamme innocenti:	*You sent love's pure flames into my breast:*
i giusti affetti solleciti, fomenti:	*my sincere desire you kindled and nourished:*
e a lei vicino,	*now that she is near,*
nel più lucido corso	*why do you stop the course*
il mio destino improvvisa sospendi?…	*of my destiny in its tracks?…*
Ah, dal mio cor qual sagrifizio attendi?…	*Ah, what sacrifices do you expect from me?…*
Perchè tacer deggio?	*Why should I be silent?*
Perchè ignoto volermi all'idol mio?	*Why does she not want my beloved to know me?*
Folle! Che mai vaneggio?	*Madness! Why am I raving?*
So, che m'ama la Dea:	*I know that the goddess loves me:*
mi fido a lei.	*I place my trust in her.*
Deh, perdonami, o Madre, i dubbi miei.	*Ah, forgive me, oh mother, for doubting you.*
Ma la Ninfa dov'è?	*But where is the nymph?*
Tra queste rive chi m'addita il mio bene?	*Which shore leads to my beloved?*
Ah, sì, cor mio lo scoprirem ben noi.	*Ah, yes, my heart, we shall find her.*
Dove in un volto	*One day you shall see*
tutti apparir de la virtù vedrai	*all of virtue's brightest rays*
i più limpidi rai:	*shining from a beautiful face:*
dove congiunte facile maestà,	*you will see gentle majesty joined with*
grave dolcezza,	*deep sweetness,*
ingenua sicurezza,	*sound judgment,*
e celeste pudore:	*and heavenly modesty:*
ove in due lumi tu vedrai sfolgorar	*in two luminous eyes you will discover*
d'un alta mente le grazie delicate,	*the delicate grace of a noble intellect,*
e il genio ardente,	*and an ardent spirit,*
là vedrai la mia sposa.	*and there you shall find my bride.*
A te il diranno il palpiti soavi, i moti tuoi:	*Your tender heartbeats will tell you:*
ah sì, cor mio, la scoprirem ben noi.	*ah yes, my heart, we shall find her.*
Cara, lontano ancora	*Beloved, though you are far away,*
la tua virtù m'accese:	*your virtue has set my heart aflame:*
al tuo bel nome allora	*now your sweet name*
appresi a sospirar.	*it shall teach me to sigh.*
In van ti celi, o cara:	*In vain you hide, o dearest:*
quella virtù sì rara	*your rare virtue,*
nella modestia istessa	*clothed in such humility,*
più luminosa appar.	*shines all the more brightly.*

Ah, di sì nobil alma
from Part 1

Dramatic context: Ascanio has overheard a conversation between Silvia and the priest Aceste. Silvia is perplexed by the news that she is to marry Ascanio this same day, for her heart belongs to the man who has appeared in her dreams. Aceste calms her fears, knowing that Cupid has been at work. Stuck by the love and virtue of his beloved, Ascanio begs to be allowed to meet her.

Ascanio:

Ah, di sì nobil alma	*Ah, about this noble soul*
quanto parlar vorrei!	*there is much I wish to say!*
Se le virtù di lei	*If all her virtues*
tutte saper pretendi,	*you want to know,*
chiedile a questo cor.	*ask them of this heart.*
Solo un momento in calma	*Only a moment's respite*
lasciami, o Diva,	*grant me, oh goddess,*
e poi di tanti pregi suoi	*and all her lofty virtues*
potrò parlarti allor.	*will I proclaim to you.*

Al mio ben mi veggio avanti
from Part 2

Dramatic context: Observing from a distance, Ascanio sees his bride-to-be fall almost into a swoon. Though Silvia believes she has recognized Ascanio as her future spouse, an ambiguous remark from Aceste has startled her. Ascanio longs to be at Silvia's side.

Ascanio:

Al mio ben mi veggio avanti,	*I see my beloved before me,*
del suo cor sento la pena,	*feel the torment in her heart,*
e la legge ancor mi frena.	*and yet Venus' law holds me back.*
Ah! si rompa il crudo laccio	*Ah! may these cruel chains break;*
abbastanza il cor soffri.	*my heart has suffered enough.*
Se pietà dell'alme amanti,	*If to compassion loving souls,*
bella Diva, il sen ti move,	*oh goddess, can move you,*
non voler fra tante prove	*do not with new ordeals*
agitarle ognor così.	*continue to torment them.*

Torna, mio bene, ascolta
from Part 2

Dramatic context: Against the command of Venus, Ascanio has revealed his identity to Silvia. Believing she must rid her heart of this phantom, Silvia rejects him and runs away. Deeply touched by her faithfulness, Ascanio calls for Silvia to return to him.

Ascanio:
Ahi, la crudel,
come scoccato dardo
s'involò dal mio sguardo!
Incauto, ed io quai di fè mancai.
Chi a tante prove, o Dea,
d'amore, e di virtù regger potea?
Di sì gran dono,
o Madre, ricco mi fai,
che più non può mortale
desiar dagli Dei:
e vuoi, ch'io senta
tutto il valor del dono.
Ah, sì, mia Silvia,
troppo, troppo maggiore sei de la fama.
Ora i tuoi pregi intendo,
or la ricchezza mia tutta comprendo.

Torna, mio bene, ascolta.
Il tuo fedel son io.
Amami pur, ben mio:
no, non t'inganna Amor.

Quella, che in seno accolta
serbi virtù sì rara,
a gareggiar prepara
coll'innocente cor.

Ah, cruel one,
like a swift dart
she hastened from my glance!
I was rash and untrusting.
Who can endure so many tests, oh goddess,
of love and of steadfastness?
By a great gift,
oh mother, you make me rich,
such as no mortal
can desire of the gods:
and you want me to appreciate
the full value of this gift.
Ah, yes, my Silvia,
you surpass your fame too much.
Now do I perceive your merit
and comprehend my wealth.

Return, my beloved, and listen.
I am your faithful lover.
Just love me, my darling:
no, Cupid does not deceive you.

Keep safe in your breast
the rare virtue you cherish.
Let it contest only
with the innocence of your heart.

LA CLEMENZA DI TITO
(The Clemency of Titus)

Libretto: Caterino Mazzolà, adapted from a libretto by Pietro Metastasio. **First performance:** National Theatre, Prague, 6 September 1791. **Setting:** Rome, *c*80 A.D.

Parto, ma tu, ben mio
from Act 1

Dramatic context: Vitellia is so enraged with the Emperor Tito for slighting her by choosing to marry Berenice that she decides to lead a conspiracy against him. She urges the young patrician Sesto, who is madly in love with her, to assassinate Tito. Sesto, reluctant to betray his friend Tito, is finally coerced by Vitellia's promises of love. As he departs on his mission, he tells Vitellia that he will do whatever it takes to please her.

Sesto:

Parto, ma tu, ben mio,	*I leave, but you, my beloved,*
meco ritorna in pace;	*will return to me in peace;*
sarò qual più ti piace,	*I will be what most pleases you;*
quel che vorrai farò.	*what you want, I'll do.*
Guardami e tutto oblio,	*Look at me and I'll forget everything,*
e a vendicarti io volo.	*and I'll rush to avenge you.*
A questo sguardo solo	*Give only a glance and the deed*
da me si penserà.	*by me will be done.*
Ah, qual poter, oh Dèi!	*Ah, what power, oh Gods!*
donaste alla beltà!	*did you bestow to beauty!*

Torna di Tito a lato
from Act 2

Dramatic context: Acting on Vitellia's petition that he kill the Emperor Tito, Sesto has set fire to the city and has killed the wrong man. Sesto's friend Annio advises him to return to Tito, confess his wrongdoing, and offer proof of his faithfulness.

Annio:

Torna di Tito a lato:	*Return to Tito's side:*
torna, e l'error passato	*return, and the past error*
con replicate emenda	*you can amend with repeated*
prove di fedeltà.	*proof of your trustworthiness.*
L'acerbo tuo dolore	*Your bitter pain*
è segno manifesto	*is a clear sign*
che di virtù nel core	*that with virtue in your heart*
l'immagine ti sta.	*do you most befittingly seem to be.*

Tu fosti tradito
from Act 2

Dramatic context: All the evidence for treason points against Sesto, who refuses to speak in his own defense. Tito knows he must sign the Sesto's death warrant, but is reluctant. Annio pleads on behalf of Sesto.

Annio:

Tu fosti tradito,	*You were betrayed,*
ei degno è di morte,	*he deserves to die,*
ma il core di Tito	*but the heart of Tito*
pur lascia sperar.	*allows one to hope.*
Deh, prendi consiglio,	*Please listen to the advice,*
signor, dal tuo core;	*sire, of your heart;*
il nostro dolore	*our grief*
ti degna mirar.	*deign to consider.*

Deh, per questo istante solo
from Act 2

Dramatic context: Before signing Sesto's death warrant, the Emperor Tito summons his friend to court, hoping to uncover a reason to pardon him. Sesto refuses to disclose Vitellia's role in the conspiracy because Tito has agreed to marry her. Sesto tells the Emperor that his agony over having betrayed him is a fate worse than death itself.

Sesto:

Deh, per questo istante solo
ti ricorda il primo amor,
che morir mi fa di duolo
il tuo sdegno, il tuo rigor.

Ah, for this moment only
remember your first love,
for it kills me, the pain
of your contempt, your severity.

Di pietade indegno, è vero,
sol spirar io deggio orror,
pur saresti men severo
se vedessi questo cor.

Unworthy of mercy, it is true,
I can inspire only disgust;
yet you would be less severe
if you could see this heart.

Disperato vado a morte,
ma il morir non mi spaventa,
il pensiero mi tormenta
che fu teco un traditor!

In despair, I go to die,
but dying does not frighten me;
the thought that torments me is
that I was a traitor to you!

Tanto affanno soffre un core,
né si more di dolor!

Great anguish a heart may suffer,
yet one does not die of the pain!

COSÌ FAN TUTTE
(ossia La Scuola degli Amanti)
(Women Are Like That, or The School for Lovers)

Libretto: Lorenzo da Ponte. **First performance:** Burgtheater, Vienna, 26 January 1790. **Setting:** Naples, eighteenth century.

Smanie implacabili
from Act 1

Dramatic context: Wizened old Don Alfonso proposes a plan to his two young friends, Ferrando and Guglielmo, to prove to them that their girlfriends, Dorabella and Fiordiligi, are capable of being unfaithful. Telling the two sisters that they have been called off to war, the two soldiers depart. An overwrought Dorabella instructs the maid Despina to close the shutters, stating that she prefers to suffer in solitude until she finally dies of the pain of absent love.

Dorabella:

Ah, scostati! paventa il tristo effetto
d'un disperato affetto!
Chiudi quelle finestre! odio la luce...
odio l'aria, che spiro... odio me stessa!
chi schernisce il mio duol... chi mi consola?
Deh, fuggi, per pietà! lasciami sola!

Ah, go away!, beware the sad effect
of a desperate emotion!
Close those windows! I hate the light...
I hate the air I breathe... I hate myself!
who will make light of my pain... who will comfort me?
Ah, leave, for mercy's sake! leave me alone!

Smanie implacabili,
che m'agitate
entro quest'anima,
più non cessate,
finché l'angoscia
mi fa morir.
Esempio misero
d'amor funesto
darò all'Eumenidi,
se viva resto,
col suono orribile
de' miei sospir.

Unquenchable desires,
that trouble me
within this soul,
you must not cease
until the anguish
kills me.
A miserable example
of disastrous love
I will give to the gods of vengeance,
if I survive,
with the dreadful sound
of my sighs.

È amore un ladroncello
from Act 2

Dramatic context: Disguised as two mysterious Albanians, Ferrando and Guglielmo appear at the sisters' door to woo them. Finally deciding that there is nothing wrong with a little flirtation, the girls choose their partners and go for a walk around the garden. Wrestling with her conscience, Fiordiligi resolves to be true to Guglielmo, but Dorabella decides to let Cupid have his way with her heart.

Dorabella:

È amore un ladroncello,	*Love is a little thief,*
un serpentello è amor,	*a little serpent is love;*
ei toglie e dà la pace,	*he takes away your heart's peace,*
come gli piace ai cor.	*or gives it back to you, as he pleases.*
Per gli occhi al seno appena	*From your eyes to your heart*
un varco aprir si fa,	*he opens a path,*
che l'anima incatena,	*one which enchains your soul*
e toglie libertà.	*and takes away your freedom.*
Porta dolcezza e gusto	*He brings sweetness and pleasure*
se tu lo lasci far,	*if you let him have his way,*
ma t'empie di disgusto	*but he fills you with disgust*
se tenti di pugnar.	*if you try to fight him back.*
Se nel tuo petto ei siede,	*If he settles in your heart,*
s'egli ti becca qui,	*if he pecks at you here,*
fa tutto quel ch'ei chiede	*do all that he asks,*
che anch'io farò così.	*for I will do the same.*

DON GIOVANNI
(Don Juan)

Libretto: Lorenzo da Ponte, after Giovanni Bertati's libretto for Giuseppe Gazzaniga's opera *Il convitato di pietra*; also based on the Don Juan legends. **First performance:** National Theatre, Prague, 29 October 1787. **Setting:** Seville, sixteenth century.

Batti, batti, o bel Masetto
from Act 1

Dramatic context: In the countryside near Don Giovanni's château, Giovanni and his servant Leporello happen upon a bucolic wedding celebration for the peasants Zerlina and Masetto. His fancy struck by the young and pretty Zerlina, the Don instructs Leporello to get rid of the whole company—except Zerlina, of course—by inviting them back to his palace. His plans are thwarted by the appearance of Donna Elvira, angry at having been deserted. Later, at the Don's estate, Zerlina asks Masetto to forgive her seeming infidelity. (Because of current casting trends, this aria is included in both the Soprano and Mezzo-Soprano volumes.)

Zerlina:

Batti, batti, o bel Masetto,	*Beat, beat, oh handsome Masetto,*
la tua povera Zerlina:	*your poor Zerlina:*
starò qui come agnellina	*I'll be here like a little lamb*
le tue botte ad aspettar.	*awaiting your blows.*
Lascierò straziarmi il crine,	*I will let you tear out my hair,*
lascierò cavarmi gli occhi,	*I will let you gouge out my eyes,*
e le care tue manine	*and your dear little hands*
lieta poi saprò baciar.	*I will happily kiss.*
Ah, lo vedo, non hai core.	*Ah, I see it: you don't have the heart.*
Pace, pace, o vita mia!	*Let's make peace, oh my dearest!*
in contenti ed allegria	*In happiness and joy*
notte e dì vogliam passar.	*let us spend our nights and days.*

Vedrai, carino
from Act 2

Dramatic context: It is night. Masetto and a group of peasants, carrying crude weapons, are searching for Don Giovanni, determined to punish him. They encounter the rake, disguised as Leoporello. Don Giovanni sympathizes with them, tutoring them on how to spread out and search the streets. He keeps Masetto with him, gives him a thrashing, then escapes. Zerlina hears his moans and, offering the comfort only she can provide, guides his hand to her beating heart. (Because of current casting trends, this aria is included in both the Soprano and Mezzo-Soprano volumes.)

Zerlina:

Vedrai, carino,	*You shall see, dearest,*
se sei buonino,	*if you're really good,*
che bel rimedio	*what a beautiful remedy*
ti voglio dar.	*I want to give you.*
È naturale,	*It is natural,*
non dà di sgusto	*it doesn't taste bad,*
e lo speziale	*and the apothecary*
non lo sa far.	*doesn't know how to make it.*
È un certo balsamo	*It is a reliable balm*
che porto addosso,	*that I carry with me;*
dare tel posso,	*I can give it to you,*
se il vuoi provar.	*if you want to try it.*
Saper vorresti	*Would you like to know*
dove mi sta?	*where it is on me?*
Sentilo battere,	*Feel it beating;*
toccami qua!	*touch me here!*

LA FINTA GIARDINIERA
(The Feigned Gardeness)

Libretto: Author unknown. **First performance:** Salvatortheatre, Munich, 13 January 1775. **Setting:** The Mayor's country estate at Lagonero, mid-eighteenth century.

Se l'augellin sen fugge
from Act 1

Dramatic context: Don Ramiro is in love with Arminda, a Milanese lady and niece of the Mayor. She has deserted him for Court Belfiore. Ramiro is wary of the Mayor's advice that he find another sweetheart.

Don Ramiro:

Se l'augellin sen fugge	*If the little bird escapes*
dalla prigione un giorno,	*from its prison one day,*
al cacciatore intorno	*around the hunter*
non più scherzando va.	*it doesn't go playing.*
Liberto uscito appena	*Having just gotten out*
da un amoroso impaccio,	*of a bad amorous situation,*
l'idea d'un altro laccio,	*the idea of another bond,*
ah, che tremar me fa.	*ah, how it makes me tremble.*

Dolce d'amor compagna
from Act 2

Dramatic context: When Ramiro appears with a warrant for Belfiore's arrest, the Mayor declares that he cannot allow his niece to marry a murderer. Alone in a hall of the Mayor's house, Ramiro renews his hope of winning back Arminda.

Don Ramiro:

Dolce d'amor compagna,	*Sweet companion of love,*
speranza lusinghiera,	*flattering hope,*
in te quest'alma spera,	*in you my soul hopes;*
tutta riposa in te.	*all rests on you.*
Tu mi sostiene in vita,	*You sustain me in life,*
tu mi conduci in porto,	*you guide me into harbor,*
oh, amabile conforto	*oh, lovable comfort*
di mia sincera fè.	*for my sincere faith.*

Va pure ad altri in braccio
from Act 3

Dramatic context: Though the Mayor would prefer that Arminda marry Don Ramiro, she remains obstinate in her intent to wed Count Belfiore. Ramiro vents his anger and despair.

Don Ramiro:

Va pure ad altri in braccio,	*Go, then, to the arms of another man,*
perfida donna ingrata,	*treacherous, ungrateful woman;*
furia crudel spietata,	*cruel, pitiless Fury,*
sempre per te sarò!	*I will always be yours!*
Già misero mi vuoi,	*You wish to see me wretched already;*
lontan dagl'occhi tuoi;	*far from your eyes,*
misero morirò.	*miserable shall I die.*

LA FINTA SEMPLICE
(The Feigned Simpleton)

Libretto: Carlo Goldoni, with alterations by Marco Coltellini. **First performance:** Archbishop's Palace, Salzburg, 1 May 1769. **Setting:** The estate of Don Cassandro and Don Polidoro, near Cremona, mid-eighteenth century.

Marito io vorrei
from Act 1

Dramatic context: Fracasso, a captain in the Hungarian army, is billeted on the Italian estate of two rich bachelor brothers. He has fallen in love with Giacinta, sister of the two brothers. When he expresses his desire to marry her, Giacinta describes the sort of husband she hopes to have.

Giacinta:

Marito io vorrei,	*I'd like a husband,*
ma senza fatica.	*but without working hard.*
Averlo, se comoda,	*To have him, if it suits me,*
lasciarlo se intrica;	*to leave him, if he's troublesome;*
che aspetti degli anni,	*one who will wait for years,*
che sole le mani	*one who only my hands*
gli basti baciar.	*will be content to kiss.*
In somma, io desidero	*In sum, I want*
un uomo d'ingegno,	*a man of wit,*
ma fatto di legno,	*yet made of wood,*
che dove lo metto,	*who where I put him*
là sappia restar.	*will stay.*

Se a maritarmi arrivo

from Act 2

Dramatic context: Giacinta explains to her oafish brother, Polidoro, the sort of marriage she envisions for herself.

Giacinta:

Se a maritarmi arrivo,	*If I ever get married,*
so ben che voglio far.	*I know well what I want to do.*
Lo sposo a dirittura	*My husband securely*
legato alla cintura	*tied to my waist,*
io me lo vò portar.	*I wish to take with me.*
Che mi stia sempre appresso,	*I want him to be always near me,*
che mi carezzi anch'esso,	*and also to caress me,*
che impari anche a filar:	*that he also learn to spin:*
e che mi mostra a dito	*and that he point out to me*
che son tutta marito,	*that I am the one wearing the pants;*
purchè non me lo rubi,	*as long as he does not rob me of this,*
lo lascerò cantar.	*I'll let him babble on.*

Che scompiglio, che flagello

from Act 3

Dramatic context: Giancinta and Ninetta stage a disappearance, and Cassandro and Polidoro are told that Giacinta has taken the family jewels. The brothers assure Fracasso and Simone permission to marry the girls if they locate them and bring them back. Having been found on a country road, Giacinta now worries about what will happen when she gets back home.

Giacinta:

Che scompiglio, che flagello,	*What an upset, what punishment,*
se mi vede, mio fratello,	*if he sees me, my brother,*
ah, mi scanna addirittura,	*ah, he'll cut my throat for sure;*
nò, per me non v'è pietà.	*no, for me there's no pity.*
Tremo tutta di paura,	*All of me trembles with fear,*
non mi reggo, non hò fiato,	*I can't stand it, I have no breath,*
sento il sangue ch'è gelato,	*I feel like my blood is frozen,*
sento l'alma che sen và.	*I feel as though my soul is departing.*

IDOMENEO
(Re di Creta)
(Idomeneus, King of Crete)

Libretto: Abbé Gianbattista Varesco, after Antoine Danchet's libretto for Antoine Campra's opera *Idomenée*; also based on an ancient legend. **First performance:** Hoftheatre, Munich, 29 January 1781. **Setting:** Port of Sidon (now Khania) on the island of Crete near the end of the Trojan Wars, *c*1200 B.C.

Non ho colpa
from Act 1

Dramatic context: When Ilia, a captured Trojan princess, laments her sad fate to her beloved Idamante, son of King Idomeneo of Crete, he offers words of solace and affection. When she rejects his kindness, he offers tenderness to her, but rails agains the gods. (Though the role of Idamante has been sung by tenors, current casting trends usually assign the part to a mezzo-soprano.)

Idamante:

Non ho colpa, e mi condanni	*I am not guilty, and you condemn me,*
idol mio, perchè t'adoro.	*my beloved, because I adore you.*
Colpa è vostra, o Dei tiranni,	*Yours is the guilt, oh tyrannical gods,*
e di pena afflitto io moro	*and, afflicted with grief, I die*
d'un error che mio non è.	*for a crime I did not commit.*
Se tu il brami, al tuo impero	*If you desire it, at your command*
aprirommi questo seno,	*I shall impale my heart;*
ne' tuoi lumi il leggo, è vero,	*in your eyes I read it; it is true,*
ma me'l dica il labbro almeno,	*but at least tell me with your own lips*
e non chiedo altra mercè.	*and I will ask no other mercy.*

Il padre adorato
from Act 1

Dramatic context: Idomeneo was shipwrecked while returning home from the Trojan Wars. In exchange for his life, he made a vow with Neptune, promising to sacrifice the first living creature he should meet. Back on land, it is Idamante whom he sees. Horrified, he orders his son away from his presence, leaving Idamante devastated at his father's apparent disapproval.

Idamante:

Il padre adorato	*My adored father*
ritrovo, e lo perdo.	*I recover, and then lose.*
Mi fugge, sdegnato,	*He avoids me, indignant,*
fremendo d'orror.	*trembling with horror.*
Morire credei	*I thought I would die*
di gioia e d'amore:	*of joy and love;*
or, barbari Dei!	*now, cruel Gods!*
m'uccide il dolor.	*I die from anguish.*

LUCIO SILLA
(Lucius Sulla)

Libretto: Giovanni de Gamerra. **First performance:** Regio Ducal Teatro, Milan, 26 December 1772.
Setting: Rome, 79 B.C.

Il tenero momento
from Act 1

Dramatic context: The banished senator Cecilio has secretly returned to Rome. Outside the city, in a pastoral setting of trees and ancient ruins beside the Tiber River, he anticipates seeing his beloved Giunia, who believes him dead. (Though Mozart composed the role of Cecilio for a soprano, current casting trends often assign the part to a mezzo-soprano.)

Cecilio:

Dunque sperar poss'io	*Then can I hope*
di pascer gli occhi miei	*to feed my eyes with visions*
nel dolce idol mio? Già mi figuro	*of my sweet idol? Already I can imagine*
la sua sorpresa, il suo piacer. Già sento suonarmi	*her surprise, her pleasure. Already I feel sounding*
intorno i nomi	*around me the names*
di mio sposo, mia vita.	*of "my husband, my life."*
Il cor nel senocol palpitar mi parla	*The heart in my breast, with its beatings, speaks to me*
de' teneri trasporti e mi predice…	*of tender transports and fortells…*
Oh ciel, sol fra me stesso	*Oh heavens, here I am, all alone,*
qui di gioia deliro, e non m'affretto	*delirious with joy, and why am I not hurrying*
la sposa ad abbracciar? Ah, forse adesso	*to embrace my wife? Ah, perhaps even now,*
sul morir mio delusa	*thinking I'm dead,*
priva d'ogni speranza e di consiglio	*deprived of every hope and advice,*
lagrime di dolor versa dal ciglio!	*her eyes shed tears of grief!*
Il tenero momento	*The tender moment,*
premio di tanto amore	*reward of so great a love,*
già mi dipinge il core	*already fills my heart*
fra i dolci suoi pensier.	*with its sweet thoughts.*
E qual sarà il contento,	*And what shall that joy be,*
ch'al fianco suo m'aspetta,	*awaiting me at her side,*
se tanto ora m'alletta	*if the mere thought alone*
l'idea del mio piacer?	*already delights me?*

Ah, se a morir mi chiama
from Act 2

Dramatic context: Lucio Silla, the despotic Roman dictator, has made unsuccessful advances at Giunia, Cecilio's wife. When Silla warns Giunia that refusal means death, Cecilio tells her that he must kill the tyrant; if he dies in the attempt, his spirit will continue to watch over her.

Cecilio:

Ah, se a morir mi chiama	*Ah, if death calls me*
il fato mio crudele	*to my cruel fate,*
seguace ombra fedele	*my faithful spirt*
sempre sarò con te.	*shall be always with you.*
Vorrei mostrar costanza	*I would like to show constancy,*
cara, nel dirti addio	*dearest, in saying farewell to you,*
ma nel lasciarti, oh Dio!	*but now that I am leaving you, oh God!*
sento tremarmi il piè.	*I feel my steps faltering.*

Pupille amate
from Act 3

Dramatic context: Cecilio in is prison, condemned to death for attempting to kill Lucio Silla. As Giunia is led in to say farewell to her husband, he tells her not to cry, for her tears will make him die too soon.

Cecilio:

Pupille amate,
non lagrimate,
morir mi fate
pria di morir.

Beloved eyes,
do not weep;
you make me die
before I go to my death.

Quest'alma fida
a voi d'intorno
farà ritorno
sciolta in sospir.

My faithful soul,
hovering around you,
will return
dissolved in sighs.

MITRIDATE, RE DI PONTO
(Mithridates, King of Pontus)

Libretto: Vittorio Amedeo Cigna-Santi, after Giuseppe Parini's translation of Jean Racine's tragedy *Mithridate*. **First performance:** Regio Ducal Teatro, Milan, 26 December 1770. **Setting:** Port of Nymphaea in the Crimea, 63 B.C.

Venga pur, minacci e frema
from Act 1

Dramatic context: Both Farnace and his half-brother Sifare are love with Aspasia, who was promised in marriage to their father Mitridate. Having just received word that Mitridate, who was believed dead, is actually alive, Farnace awaits his father's return with great agitation.

Farnace:

Venga pur, minacci e frema
l'impacabil genitore,
al suo sdegno, al suo furore
questo cor non cederà.
Roma in me rispetti e tema,
men feroce e men severo,
o più barbaro, o più fiero
l'ira sua mi renderà.

Let him come, let him treaten and fume,
my implacable father;
to his scorn and to his fury
this heart shall not yield.
Let him respect and fear Rome in me,
less ferocious and less severe,
or more cruel and more proud
will his anger make me.

Va, l'error mio palesa
from Act 2

Dramatic context: In the royal apartments, Farnace releases Ismene from their engagement, telling her that he no longer loves her. When she says she will seek redress with Mitridate, Farnace warns that she may regret the outcome.

Farnace:

Va, l'error mio palesa,
e la mia pena affretta,
ma forse la vendetta
cara ti costerà.

Go, reveal my offense,
and hasten my punishment,
but perhaps this revenge
will cost you dearly.

Quando sì lieve offesa
punita in me vedrai
te stessa accuserai
di troppa crudeltà.

When, for such a slight offence,
you see me punished,
you will accuse yourself
of excessive cruelty.

Son reo; l'error confesso
from Act 2

Dramatic context: Mitridate has summoned his two sons to his camp, along with Aspasia. Farnace, accused of siding against his father with Rome, admits his guilt, but states that it is his brother Sifare who shares a requited love with Aspasia.

Farnace:

Ah, giacchè son tradito
tutto si sveli omai.
Per quel sembiante
che fa pur troppo il mio maggior delitto
ad oltraggiarti, o padre,
sappi che non fui solo.
È a te rivale Sifare ancor,
   ma più fatal;
che dove ripulse io sol trovai, sprezzi e rigore,
ei di me più gradito ottenne amore.

(a Mitridate)
Son reo; l'error confesso;
e degno del tuo sdegno
non chiedo a te pietà.
Ma reo di me peggiore
(accennando Sifare)
il tuo rivale è questo,
che meritò l'amore
della fatal beltà.
(a Sifare)
Nel mio dolor funesto
gemere ancor tu dei;
ridere a danni miei
Sifare non potrà.

Ah, since I am betrayed,
let everything be revealed now.
Know, oh father,
that in loving Aspasia, which is the reason
for the crime that so outrages you,
I am not alone.
Sifare is also your rival,
   and a more serious one than I;
for where I found rebuffs, scorn, and severity,
he, more welcome than I, was given love.

(to Mitridate)
I am guilty; I confess my fault;
it is worthy of your anger,
I do not ask you for pity.
But guiltier than I
(indicating Sifare)
is this rival of yours,
who won the love
of the fatal beauty.
(to Sifare)
Over my tragic grief
you also must mourn;
laugh at my misfortune
Sifare shall not.

Già dagli occhi il velo
from Act 3

Dramatic context: Farnace has just escaped from prison with the help of several Roman soldiers. Though the throne is now within his grasp, his conscience leads him to reject Aspasia and to help Mitridate in his battle with the Romans. He intends to set fire to the Roman fleet anchored in the harbor.

Farnace:

Vadasi... Oh ciel,
ma dove spingo l'ardito piè?
Ah, vi risento,
   o sacre di natura voci possenti,
o fieri rimorsi del mio cor.
Empio a tal segno, no, ch'io non son,
e a questo prezzo a questo
trono, Aspasia, Romani, io vi detesto.

Già dagli occhi il velo è tolto,
vili affetti, io v'abbandono:
son pentito e non ascolto
che i latrati del mio cor.
Tempo è omai che al primo impero
la ragione in me ritorni;
già ricalco il bel sentiero
della gloria e dell'onor.

I must go... Oh heaven,
but where shall I direct my bold footstep?
Ah, I hear you again,
   oh sacred, powerful voices of nature,
oh fierce remorse of my heart.
No, I am not so wicked,
and at this price, for this
throne, Aspasia, Romans, I detest you all.

Now the veil is lifted from my eyes;
base affections, I abandon you:
I have repented and listen only
to the cries of conscience in my heart.
It is high time that reason
returns to rule in me;
now I retrace the beautiful path
of glory and honor.

LE NOZZE DI FIGARO
(The Marriage of Figaro)

Libretto: Lorenzo da Ponte, based on *La folle journée, ou Le mariage de Figaro*, a comedy by Pierre-Auguste Caron de Beaumarchais. **First performance:** Burgtheater, Vienna, 1 May 1786. **Setting:** Count Almaviva's château near Seville, eighteenth century.

Non so più
from Act 1

Dramatic context: Cherubino, Count Almaviva's teenage page, is telling Susanna, the Countess' chambermaid, of his predicament. The Count has caught him embracing Barbarina, the gardener's daughter. Though his master has threatened to banish him from the palace for such behavior, he forgets about his bad fortune when he sees Susanna holding a ribbon belonging to the Countess. Snatching it from her hand, he breathlessly explains that every woman excites his passion.

Cherubino:

Non so più cosa son, cosa faccio:	*I no longer know who I am, or what I'm doing:*
or di foco, ora sono di ghiaccio,	*now I'm aflame, the next moment frozen;*
ogni donna cangiar di colore,	*every woman changes my mood,*
ogni donna mi fa palpitar.	*every woman makes my heart pound.*
Solo ai nomi d'amor, di diletto,	*The mere mention of love, of pleasure,*
mi si turba, mi s'altera il petto,	*upsets me, changes my heartbeat,*
e a parlare mi sforza d'amore	*and in speaking of love there wells up within me*
un desìo ch'io non posso spiegar.	*a desire that I cannot explain.*
Parlo d'amor vegliando,	*I speak of love awake,*
parlo d'amor sognando,	*I speak of love dreaming,*
a l'acqua, a l'ombra, ai monti,	*to the water, to the shadows, to the mountains,*
ai fiori, a l'erbe, ai fonti,	*to the flowers, to the forests, to the springs,*
a l'eco, a l'aria, ai venti,	*to the echo, to the air, to the winds*
che il suon de' vani accenti	*which take the sound of useless words*
portano via con sé.	*and carry them away with them.*
E se non ho chi m'oda,	*And if I have no one to hear me,*
parlo d'amor con me.	*I speak of love to myself.*

Voi che sapete
from Act 2

Dramatic context: In the boudoir of the Countess, Cherubino sings one of his love songs for Susanna and the Countess, to Susanna's guitar accompaniment.

Cherubino:

Voi che sapete che cosa è amor,	*You who know what love is,*
donne vedete s'io l'ho nel cor.	*ladies, tell me if I have it in my heart.*
Quello ch'io provo, vi ridirò,	*That which I feel, I will explain to you;*
è per me nuovo, capir nol so.	*it's new for me, I can't understand it.*
Sento un affetto pien di desir,	*I feel an affection full of desire,*
ch'ora è diletto, ch'ora è martir;	*that first is delight, then is torment;*
gelo, e poi sento l'alma avvampar,	*I freeze, then I feel my soul aflame,*
e in un momento torno a gelar.	*and in a moment I go back to freezing.*
Ricerco un bene fuori di me:	*I seek a treasure outside of myself:*
non so chi il tiene, non so cos'è;	*I don't know who holds it, I don't know what it is;*
sospiro e gemo senza voler,	*I sigh and moan without wanting to,*
palpito e tremo senza saper;	*I shake and tremble without knowing;*
non trovo pace notte nè dì,	*I find peace neither night nor day,*
ma pur mi piace languir così.	*yet I like to languish like this.*

Il capro e la capretta

from Act 4

Dramatic context: Overhearing a conversation between Figaro and Barbarina, the housemaid Marcellina learns that Figaro believes Susanna is unfaithful to him. Knowing Susanna to be innocent, she decides to warn her of Figaro's anger. Women must stick together, she says.

Marcellina:

Il capro e la capretta
son sempre in amistà,
l'agnello a l'agnelletta
la guerra mai non fa.
Le più feroci belve
per selve e per campagne
lascian le lor compagne
in pace e libertà.
Sol noi, povere femmine,
che tanto amiam quest'uomini
trattate siam dai perfidi
ognor con crudeltà.

*The billy goat and the nanny goat
are always on friendly terms;
the ram upon the ewe
would never wage war.
The most ferocious beasts
in the woods and in the fields
leave their companions
in peace and freedom.
Only we poor females,
who love these men so much,
are always treated by those scoundrels
with such cruelty.*

Jam pastor Apollo

APOLLO ET HYANCINTHUS

Andantino

Jam pas - tor A - pol - lo cu - sto - di - o

visi-to re-ges, jam me-di-ci-nas mor-

-ta-li-bus do.

pp f p

cresc. f p pp

Allegro

Moe-stos le-va-re, ae-gros ju-va-re est so-la

f p

tan-gens A-pol-li-nem res: hinc me ma-nen-te,

f p

-a - tior___ es, rex o - mni re - ge be - a -

-tior es, be - a - tior

es.

Andantino

Andantino

En! duos conspicis

APOLLO ET HYACINTHUS

En! du - os_ con - spi - cis: a - man - tem et no - cen - tem, ju - van - tem et fu-

- ren - tem; cu - i ma - num por - ri - gis? A - pol - lo te ne-

- ca - bit, et Ze - phy - rus a - ma - bit. Fra - ter - no qui

dex - te - ram tin - xit cru - o - re, ten - ta - bit in te - ne - ra plu - ra so-

-man - tem et____ no - cen - tem, ju - van - tem et____ fu - ren - tem;

cu - i ma - num por - ri - gis? A - pol - lo te ne - ca - bit, et

Ze - phy - rus a - ma - bit. Fra - ter - no qui dex - te-ram tin - xit cru-

-o - re, ten - ta - bit in te - ne-ra plu - ra so - ro - re: quem pru-dens

e - li - gis?   quem pru dens e - li - gis?   quem pru - dens — e - li -

- gis?   quem pru — dens — e - - - li - gis?

quem e - li - gis?

Cara, lontano ancora

ASCANIO IN ALBA

Recitativo

Per-chè ta-cer deg - g'i-o? Per chè i-gno-to vo - ler-mi al-l'i-dol mi - o?

Andante

Che du-ra leg-ge, o De - a!

Mi de-sti in se - no tu le fiam-me in - no-

-cen - ti: i giu-sti af - fet - ti sol-le-ci - ti, fo - men - ti:

† appoggiatura

e a lei vi - ci - no, nel più lu - ci - do cor - so il mio de - sti - no im-prov - vi - sa so-

-spen - di?...

Ah, dal mio cor qual sa - gri - fi - zio at - ten - di?...

Per - chè ta - cer deg - g'i - o? Per-chè i-gno - to vo - ler-mi al-l'i - dol mi - o?

volto tutti appar de la virtù vedrai i più limpidi rai:

dove congiunte facile maestà, grave dol-

-cezza, ingenua sicurezza, e celeste pudore:

o ve in due lumi tu vedrai sfolgorar d'un alta

men - te   le gra - zie de - li - ca - te, e il ge-nio ar-den - te,   là   ve - drai la mia

Un poco allegro

spo - sa.

A te il di-

Andante

-ran - no   i pal - pi - ti soa - vi,   i mo - ti tuo - i:

smorzando

ah si,   cor mi - o,   la ___ sco-pri-rem ben no - i.

ARIA

Allegro

al tuo bel no - me al - lo - ra ap-

-pre - si a so - spi - rar,

ap - pre - si a so - - spi - rar.

Ca - ra, lon - ta - - no an -

ra - ra, quel - la vir - tù sì ra - ra nel - la mo - des - tia i -

-stes - sa più lu - mi - no - sa ap - par, più lu - mi - no - sa ap -

-par.

Ca - ra, lon - ta - no an-

ap - pre - si a so - spi -

- rar.   Ca - ra, lon - ta - no an -

- co - ra   la tua vir - tù___ m'ac - ce - se,   la tua vir - tù m'ac-

- ce - - - - - - - - - se: al tuo bel no me al-

Ah, di sì nobil alma

ASCANIO IN ALBA

Ah, di sì no - bil al - ma quan - to par - lar vor - re - i, quan - to_ par - lar vor - re - i!

Se le vir - tù di_ le - i tut -

† appoggiatura

se le vir-tù di le - i tut - te sa-per_ pre - ten - di,

chie - di - le a que - sto cor, chie - di - le a

que - - sto cor.

Andante grazioso

So - lo un mo - men - to in cal - ma la - scia-mi, o Di - va,

la - scia-mi, o Di - va, la - scia-mi e po - i di

tan - ti pre-gi suo - i po - trò par - lar - ti al - lor, po - trò par -

- lar - ti al - lor, po - trò par - lar - ti al - lor.

tut - te sa - per_ pre - ten - di,   chie - di - le a que - sto

cor,   chie - di - le a   que - - sto

cor,   chie - di - le a_ que - sto   cor.

Al mio ben mi veggio avanti

ASCANIO IN ALBA

Adagio

-frì.

Se pie - tà_ del - l'al - me a - man - ti, bel - la

Di - va, il sen ti mo - ve, bel - la Di - va, il sen ti mo - ve,

non vo - ler fra tan - te_ pro - ve a - gi - tar - le o - gnor_ co-

-frì. Ah! si rom - pa il cru - do

lac - cio ab - ba - stan - za il cor sof - frì, ab - ba - stan - za il cor sof -

-frì, ab - ba - stan - za il cor sof - frì.

cresendo

Torna, mio bene, ascolta

ASCANIO IN ALBA

Recitativo

Ahi, la cru - del, co - me scoc - ca - to dar - do s'in-vo - lò dal mio sguar-do! In-cau - to, ed i - o qua - si di fè man - ca - i. Chi a tan - te pro-ve, o De - a, d'a-mo - re, e di vir - tù reg-ger po - te - a? Di sì gran do - no, o Ma-dre, ric - co mi fai, che più non può mor - ta - le de - siar da-gli De - i: e vuoi, ch'io sen - ta tut-to il va-lor del

† appoggiatura

don - no.   Ah, sì, mia Sil - via,   trop - po, trop - po mag - gio - re sei de la fa - ma.

O - ra i tuoi pre - gi in - ten - do, or____ la ric - chez - za mi - a tut - ta com - pren - do.

ARIA

Andante grazioso

f

Tor - na, mio be - ne a - scol - ta. Il tuo fe - del__ son i - o,

il tuo fe - del_____ son i - o. A - ma - mi pur,__ ben

mi - o: no,_ non_ t'in - gan - na A - mor.

Tor - na, mio be - ne, a - scol - ta. Il tuo fe - del _ son

i - o. A - ma - mi, a - ma - mi, a - ma - mi pur ben mi - o:

no, non t'in - gan - na A - mor, no,___ non___ t'in - gan - na A -

-mor, __ non __ t'in - gan - na A - mor.

Quel - la, che in se - no ac - col - ta ser -

- bi vir - tù __ sì ra - ra, a ga - reg - giar pre - pa - ra

col - l'in - no - cen - te, col - l'in - no -

-cen - te cor. Tor - na, mio be - ne a - scol - ta. Il tuo fe -

- del __ son i - o, il tuo fe - del _____ son i - o.

A - ma - mi pur __ ben mi - o: no, __ non __ t'in - gan - na A -

-mor. Tor - na, mio be - ne, a - scol - ta.

Il tuo fe - del_ son i - o. A - ma - mi, a - ma - mi,

a - ma - mi pur, ben mi - o: no, non t'in - gan - na A - mor,

no,_ non_ t'in - gan - na A - mor, no, non_ t'in - gan - na A -

- mor.

Torna di Tito a lato

LA CLEMENZA DI TITO

la - to, tor - na_ di_Ti-to_a la - to, tor-na, e l'er-ror pas-sa - to

con_ re-pli-ca - te_e-men - - da_ pro-ve_ di_ fe - del - tà,

pro - ve di fe - del - tà, pro - ve_ di_ fe - del - tà.

Tor - na, tor - na!

Parto, ma tu, ben mio

LA CLEMENZA DI TITO

_rò,   vor_rai fa_rò.

Par_to,   ma tu, ben mi _ o!   me _ co ri_

_tor_na in pa_ce,   sa _ rò_____ qual più ti piace,

quel che vor _ rai fa _ rò, sì,   sa _ rò, qualpiù ti piace,

quel ___ che vor_rai ___ fa - rò, quel___ che _____ vor _ rai fa_

_rò, quel___ che vor _ rai fa _ rò.

Allegro

Guar_da_mie tut _ too _ bli_o, e a

ven _ di _ car _ tii o vo _ lo, e a ven _ di _ car _ tii o _ vo _ lo.

A _ questo sguardo so _ lo

da _ me si pen _ se _ rà, da me si _ pen _ _ _ se _ rà.

Par _ to! ma tu, ben mio, me _ co ri _ torna in pa _ ce, sa _

la bel tà, do na steal

la bel tà, al la bel

tà, al la bel tà, al la bel

tà!

Tu fosti tradito

LA CLEMENZA DI TITO

Deh, pren - di con - si - glio, si - gnor, ___ dal tuo

co - re; il no - stro do - lo - re ti de - gna mi - rar, ___ il

no - stro do - lo - re, il no - stro do - lo - re ti

de - gna mi - rar, _____ ti de - gna mi -

- rar. Tu fo - sti tra - di - to, ei

[a piacere] *[a tempo]*

de - gno è di mor - te, ma il co - re di

[col canto] *[a tempo]*

Ti - to pur la - scia spe - rar, ma il co - re di Ti - to pur

la - scia spe - rar, pur la - scia spe -

-rar. Deh, pren - di con - si - glio, deh, pren - di con -

- si - glio, si - gnor, _ dal tuo co - re; il no - stro do - lo - re ti de - gna mi - rar, _ il no - stro do -

- lo - re ti de - gna mi - rar, _____ ti de - gna mi - rar, _____ ti

de - gna mi - rar.

Deh, per questo istante solo
LA CLEMENZA DI TITO

Deh, per que _ sto i _ stan _ te so _ lo ti ri _ cor _ da il

pri _ mo a _ mor,   che mo _ rir mi fa di duo _ lo il tuo

sdegno, il tuo ri _ gor,   il tuo sdegno, il tuo ri _ gor.   Di pie _

ti ri _ cor _ da il pri _ mo a _ mor,   che mo _ rir   mi fa   di

duolo   il   tuo sdegno, il tuo sde _ gno,   il   tuo sdegno, il tuo ri _

_ gor.   Di _ spe _

Allegro

_ ra _ to va _ do a mor _ te,   ma il   mo _ rir non mi spa _ ven _ ta,   il pen _

sie ro mi tor _men_ ta che fu te _co un tra di _ tor, che fu

te _ co un tra _ di_tor!

Tanto af_fanno soffre un co_re, nè si mo_re di do _ lor,

tanto af_fan_no soffre un co_re, nè si mo_re di do_lor,_____ di do_

Tanto af_fanno soffre un co_re, nè si mo_re di do_lor,

tanto af_fan_no soffre un co_re, nè si mo_re di do_lor,_____ di do_

Di _ spe_ra_to vado a mor_te,

a_ven_ta, il_____ pen_sie_ro mi_____ tor_

_men ta   che fu te co un tradi _ tor:_____   tanto af fanno soffre un

co_re, nè si mo_re di do_lor,   nè si mo _ re di do _

_lor,   nè si mo _ re di do _ lor,   di_ do _

_lor,   di do _ lor!

Dolce d'amor compagna

LA FINTA GIARDINIERA

Dol - ce d'a - mor ___ com - pa - gna, spe - ran - za lu - sin -

-ghie- ra, spe - ran - za lu - sin - ghie - ra, in te que-st'al-ma

spe ra, que-st'al-ma spe - ra, tut - ta ri - po-sa, tut - ta ri-po-sa in

te. _____ Dol - ce _ d'a - mor com - pa - gna, spe -

-ran - za_ lu -sin - ghie - ra, spe - ran - za_ lu - sin - ghie - ra, in

† appoggiatura

Tu mi so - stie - ni in vi - ta,

tu mi con - du - ci in por - to, tu_____ mi con - du - ci in por - to, oh, a - ma - bi - le con-

-for - to, oh, a - ma - bi - le con - for - to di mia sin - ce - ra fè, sin-

-ce - ra— fé._____ [Ah]_____ Dol - ce d'a - mor___ com-

-pa - gna, spe - ran - za lu-sin-ghie-ra, spe-ran - za

lu - - - sin - ghie-ra, in te que-st'al-ma spe-ra, que-st'al-ma

spe - ra, tut - ta ri-po-sa, tut - ta ri-po-sa in

te. _____ Dol - ce_ d'a - mor com - pa - gna, spe -

-ran - za_ lu - sin - ghie - ra, spe - ran - za lu - sin - ghie - ra, in

te que-st'al - ma spe - ra,_ tut - ta ri - po - sa in te, _____

sì, tut - ta, tut - ta ri - po - sa in te, _____

Se l'augellin sen fugge

LA FINTA GIARDINIERA

dal - la pri - gio - ne un gior - no, dal - la pri - gio - ne un

gior - no, al cac - cia - to - re in tor - no non

più scher - zan - do va, non più non più scher - zan - do

va, non più scher - zan - do

più, non_ più_ scher - zan - do va,_ non_ più_ scher -

- zan - - - do va.

cresc. f

Va pure ad altri in braccio

LA FINTA GIARDINIERA

fu - ri - a cru - del spie - ta - ta, sem -

- pre per te ___ sa - rò, per te ___ sa - rò! Va

pu - re ad al - tri, ad al - tri in brac - cio, per - fi - da

don - na in - gra - ta, don - na in - gra - ta,

fu - ri - a cru - del spie - ta - ta, sem - pre per te _____ sa -

-rò, _____ sem - pre per te sa - rò, _____

fu - ri - a cru - del _____ spie - ta - ta, sem - pre per te sa -

-rò, _____ fu - ri - a cru - del _____ spie - ta - ta, sem -

-gra - ta, fu - ri - a cru - del spie-ta - ta, cru - del spie - ta - ta, sem - pre per te _____ sa - rò, per te _____ sa - rò! Va pu - re ad al - tri, ad al - tri in brac-cio, per - fi - da don - na in-

fu - ri - a cru - del spie - ta - ta, sem - pre per te sa -

- rò, sem - pre per te sa -

- rò!

Che scompiglio, che flagello

LA FINTA SEMPLICE

† appoggiatura

no, no, no, per me non v'è pie - tà, no, per me non v'è pie - tà. Tre - mo tut - ta di pa - u - - ra, non mi reg - go, non hò

Marito io vorrei

LA FINTA SEMPLICE

Allegro grazioso

Ma - ri - to io vor - rei,___ ma sen - za fa -

-ti - ca,   ma sen - za fa - ti - ca.

A - ver - lo,   se co - mo - da,   la - sciar - lo se in -

-tri - ca;   che a - spet - ti___ de - gli an - ni, che so - le le ma - ni gli

ba - sti __ ba - ciar. __ Ma - ri - to io vor - re - i, ma sen - za fa-

- ti - ca. A - ver - lo, se co - mo - da, la - sciar - lo se in - tri - ca; che a-

-spet - ti __ de - gli an - ni, che so - le le ma - ni gli ba - sti ba-

-ciar.   In

Animato

ba - sti __ ba - ciar.

Animato

In som - ma, in som - ma, io de - si - de - ro un

uo - mo d'in - ge - gno, ma, ma, ma fat - to di

leg - no, che do - ve lo met - to, che do - ve lo met - to, che do - ve lo met - to, là

Se a maritarmi arrivo

LA FINTA SEMPLICE

Allegro comodo

Se a ma - ri - -tar - mi ar - ri - vo, so ben,___ so ben,___ so

Smanie implacabili

COSÌ FAN TUTTE

chi scherni_sce il mio duol... chi __ mi con_so_la?

Maestoso

Deh, fug-gi, per pie _ tà! fug-gi, fug-gi,

Maestoso

fug _ gi, per pie_tà! la _ sciami so_la!

ARIA

Allegro agitato

Sma _ nie im_pla_ca_ bi_li, che m'a _ gi -

Allegro agitato

È amore un ladroncello

COSÌ FAN TUTTE

È a_mo_ re un la _ dron_cel_lo, un ser_pen_tel_lo è a_mor,___ ei to_glie e dà la pa_ce, la pa_ce co_me gli pia_ce ai cor. Per gli occhi al se_no ap_pe_na un

co_me gli pia _ ce ai cor. Por _ ta dol_cez _ za, dol _

_cez _ za e gu _ sto se tu lo la_sci far,__ ma t'em_pie di di

_sgu _ sto, ma t'em_pie di di_sgu _ sto se ten _ ti di pu_gnar;

por_ta dol_cez _ za e gu _ sto se tu lo la_sci far, ma

t'em pie di di-sgu sto se ten ti di pu-gnar.

È a-mo-re un la-dron-cel-lo, un ser-pen-tel-lo è a-mor, ei to-glie e dà la pa-ce, la pa-ce co-me gli pia-ce ai cor. Se nel tuo pet-to ei sie-de,

bec _ ca, s'e _ gli ti becca, ti bec _ ca, ti becca, ti bec _ ca, ti bec _ _ ca, fa

tut _ to quel ch'ei chie _ de, ch'ei chie _ de, che anch'io fa _ rò co _ sì, co _ sì, che an _

_ ch'io fa _ rò co _ sì, co _ sì, che an ch'io fa _ rò co _ sì.

f

Batti, batti, o bel Masetto

DON GIOVANNI

bat_ti,o_bel Ma_set_to, la_tua_ po_ve_ra Zer_li_na! sta_rò

qui come a_gnel_li_na le tue bot_te ad a_spet_tar.

O bel Ma_set_to! bat_ti, bat_ti! sta_rò qui,___ sta_rò

qui___ le tue bot_te ad a_spet_tar. Ah, lo

Vedrai, carino

DON GIOVANNI

Andante

mezza voce

Ve‿drai, ca‿ri‿no, se sei buo‿ni‿no,

che bel ri‿me‿dio ti vo‿glio dar.____

È na‿tu‿ra‿le, non dà di‿sgu‿sto

e lo spe _ zia _ le non lo sa far, no, non lo sa far, no, non lo sa

far. _____ È un cer _ to bal _ samo che porto ad _ dos _ so, da _ re tel

pos _ so, se il vuoi pro _ var. ____ Sa _ per vor _ re _ sti

do _ ve mi sta, do _ ve, do _ ve, do _ ve mi sta? _____

qua!_____ qua!_____ sen _ ti _ lo_ bat _ te _ re,__ toc _ ca mi qua, qua!

toc _ cami qua, qua! toc _ cami qua,__ qua! toc _ ca _ mi qua!

cresc.

pp

Non ho colpa

IDOMENEO

Non ho col - pa, e mi con -

-dan - ni, e mi con - dan - ni i - dol

mi - o, per - chè t'a - do - ro, i - dol mi - o, per - chè t'a-

-do - ro.

† appoggiatura

Il padre adorato

IDOMENEO

- ci - - de il do - lor.

Il pa - - - dre a - do -

- ra - to   ri - tro - vo,   e lo

per - do,   e lo per - do.   Mi

Il tenero momento

LUCIO SILLA

Recitativo

Dun - que spe - rar pos - s'i - o di pa - scer gl'oc-chi mie - i   nel dol - ce i - do - lo

recitativo accompagnato

Andante

mi - o?

Già mi fi - gu - ro

Andante

cresc.

p   *f*

la sua sor - pre-sa, il suo pia - cer.

Allegro

Allegro

† appoggiatura

fra i dol - ci

suoi pen - sier.   Il te - ne - ro mo -

-men - to   pre - mio di tan - to a - mo - re

fra i __ dol - ci __ suoi pen - sier. Il

te - ne - ro mo - men - to pre - mio di tan - to a -

E qual sa - rà il con -

-ten - to, ch'al fian - co suo m'a - spet - ta,

ch'al fian - - co_ su - o m'a - spet - ta, se

tan - to o - ra m'al - let - ta, se tan - to o - ra m'al let - ta l'i-

-dea del mio pia - cer, l'i - dea del mio pia - cer?

già mi di-pin - ge il co - re, già mi di-pin - ge il

co - re fra i dol - ci suoi pen - sier,

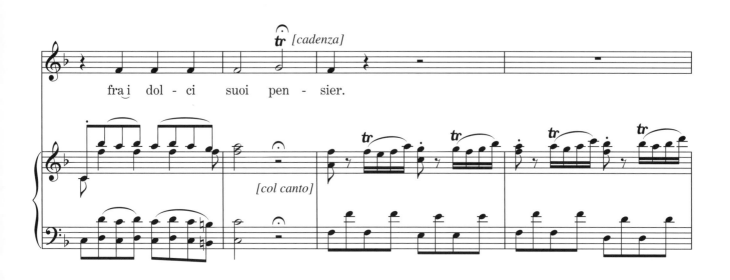

fra i dol - ci suoi pen - sier.

[cadenza]

[col canto]

Ah, se a morir mi chiama

LUCIO SILLA

Ah, se a mo-rir mi chia-ma il fa - to mio cru-

-de - le, il fa - - - to mio cru - de - le se-

† appoggiatura

fa - - - - - - to_mio cru - de - le se-

-gua - ce om — bra fe - de - le sem - - pre sa - rò con

te, se - gua - ce om - bra fe - de - le,

om - bra, om - bra fe - del_____ se-

-gua - ce ____ sem - pre sa - rò con te,

sem - - - - - - - - - - - - - -

- pre sa - rò ____ con te, sa - rò ____ con

te.

Pupille amate

LUCIO SILLA

Tempo di menuetto

fa - te pria_ di_ mo - rir,_____ mo - rir_ mi_

fa - te pria_ di_ mo - rir, mo - rir_ mi_

fa - te_ pria_ di mo - rir.

Que - st'al - ma_ fi - da

a voi d'in - tor - no fa - rà ri - tor - no,

fa - rà ri - tor - no, que - st'al - ma fi - da,

sciol - ta in so - spir, pu - pil - le, pu - pil - le a - ma - te. Pu - pil - le a -

- ma - te, non la - gri - ma - te, mo - rir mi fa - te pria di mo -

† appoggiatura

-rir,_____ mo-rir mi fa - te pria di mo-rir.

Pu - pil - le a - ma - te, non la-gri-ma-te,

mo - rir__ mi fa - te pria__ di__ mo - rir,_____

mo - rir__ mi fa - te pria__ di__ mo - rir.

Venga pur, minacci e frema

MITRIDATE, RE DI PONTO

Venga pur, minaccie frema, minaccie frema l'implacabil genitore, l'implacabil genitore, al suo sdegno, al suo furore questo cor non cederà, questo

† appoggiatura

-ro - re, al suo sde - gno, al suo fu - ro - re que - sto cor non ce - de -

- rà, no, no, que - sto

cor non ce - de - rà,

que - sto cor non

ce - de - rà. Ven - ga pur, mi-nac - cie fre-ma l'im-pla-

-ca - bil ge - ni-to-re, al suo sde-gno, al suo fu - ro - re que-sto

cor non ce - de - rà, al suo sde-gno, al suo fu - ro - re que-sto

cor non ce - de - rà, non ce - de - rà, que-sto

rà,   o più bar - ba - ro,   o più fie - ro

l'i - ra   sua,   l'i - ra sua   mi ren-de - rà,

[cadenza]

l'i - ra sua   mi ren-de - rà,   mi   ren - de-

Tempo Iº

- rà.

Tempo Iº

Ven - ga pur, mi - nac - cie fre - ma, mi - nac - ci e fre - ma l'im - pla - ca - bil ge - ni - to - re, ven - ga pur, mi - nac - cie fre - ma l'im - pla - ca - bil ge - ni - to - re, al suo

Va, l'error mio palesa

MITRIDATE, RE DI PONTO

Va, va, l'er-ror mio pa-le-sa, e

la mia pe-na af-fret-ta, e la mia pe-na af-fret-ta, ma

for-se la ven-det-ta ca - ra ti co-ste-rà, ca-

- ra ti co-ste-rà,

-rà, ti co - ste - rà, ti co - ste - rà.

Quan - do sì lie - ve of-

-fe - sa pu - ni - ta in me ve - dra - i, pu - ni - ta in me ve -

-dra - i te stes - sa ac - cu - se - ra - i di trop - pa cru - del-

† appoggiatura

Già dagli occhi il velo

MITRIDATE, RE DI PONTO

Va - da - si...   Oh ciel,

ma do - ve spin - go l'ar - di - to   piè.   Ah, vi ri - sen - to,   o sa - cre di na -

-tu - ra vo - ci pos - sen - ti,   o fie - ri ri - mor - si del mio cor.   Em - pio a tal

† appoggiatura

ARIA

ve - lo è tol-to, vi - li af-fet-ti, io v'ab - ban-do-no:

son pen-ti-to e non a-scol-to che i la-tra-ti del mio cor.

Già da-gli oc-chi il ve-lo è tol-to, vi - li af-fet-ti, io

v'ab - ban-do-no: son pen-ti-to e non a-scol-to

che i la - tra - - - ti_del mio cor, che i la - tra - - - - ti_ del___ mio cor.

Già da - gli oc - chi il_ ve - lo è tol - to,

236

-pe - ro la ra - gio - ne in_ me_ ri - tor - ni, in

me _____ ri - tor - ni; già ri - cal - co il bel_ sen -

-tie - ro del - la glo - ria e_ del - l'o - nor,

già ri - cal - co il bel_____ sen - tie - ro del - la

glo - ria e del - l'o - nor, del - la glo - ria e

del - l'o - nor, del - la glo - ria e

tr *[cadenza]*

del - l'o - nor.

Tempo I°

Già da-gli oc - chi il

Tempo I°

ve - lo è tol - to, vi - li af - fet - ti, io v'ab - ban - do - no:

son pen - ti - to, e non a - scol - to che i la - tra - ti del mio cor.

Già da - gli oc - chi il ve - lo è tol - to, vi - li af - fet - ti, io

v'ab - ban - do - no: son pen - ti - to e non a - scol - to

Son reo; l'error confesso

MITRIDATE, RE DI PONTO

† appoggiatura

ARIA

Adagio maestoso

Son re - o; l'er - ror con - fes - so, l'er - ror con - fes - so; e

de - gno del tuo_ sde - gno non chie - do_a_ te_ pie-

-tà, e de - gno_ del tuo sde - gno non

chie - do_a_ te_____ pie - tà.

Allegro

Ma

Non so più

LE NOZZE DI FIGARO

Non so più cosa son, cosa fac_cio: or di fo_co,o_ra so_no di ghiac_cio, o_gni don_na cangiar di co_lo_re, o_gni don_na mi fa pal_pi_tar, o_gni don_na mi_fa pal_pi_tar, o_gni donna mi fa pal_pi_tar. So_lo ai no_mi d'amor,di di_let_to,

Voi che sapete
LE NOZZE DI FIGARO

Voi che sa_

_pe _ te che co _ sa è a _ mor, don _ ne ve _ de _ te

s'io l'ho nel cor, don _ ne ve _ de _ te___ s'io l'ho nel___

pia _ ce lan _ guir co _ sì. Voi che sa _ pe _ te

che co _ sa è a _ mor, don _ ne ve _ de _ te s'io l'ho nel

cor, don _ ne ve _ de _ te __ s'io l'ho nel cor,

don _ ne ve _ de _ te __ s'io l'ho nel __ cor.

Il capro e la capretta
LE NOZZE DI FIGARO

Il ca_ pro e la ca_

_pret_ta   son sem_pre in a_mi_stà,___   l'a_gnel_lo a l'a_gnel_let_ta   la

guer _ ra mai non fa._ Le più fe_ro_ci bel _ ve per sel _ ve e per cam_

_pa _ gne la _ scian le lor com_pa _ gne in pa_ce e li_ber _ tà,

la _ scian le lor com_pa _ gne in pa_ce e li_ber _ tà,_

in li_ber _ tà._ Il

ca _ pro e la ca _ pret _ ta son sem _ pre in a _ mi _ stà,___ l'a_

_gnel _ lo a l'agnel _ let _ ta la guer _ ra mai non fa.___ Le

più fe _ ro _ ci bel _ ve per sel _ ve e per cam _ pa _ gne

la _ scian le lor com _ pa _ gne in pa _ ce e li _ ber _ tà, in li _ ber _